ORDONNANCE DU ROY,

Portant Amniſtie generale en faveur des Cavaliers, Dragons & Soldats qui ont deſerté des Troupes de Sa Majeſté juſqu'au premier du preſent mois ; Qui regle entre autres choſes ce qui ſera obſervé doreſna-vant pour les Enrollemens, la forme des Congez abſolus ou pour un temps limité ; Et qui impoſe la peine de mort aux Deſerteurs.

Du 2. Juillet 1716.

A PARIS,
DE L'IMPRIMERIE ROYALE.

M DCCXXXV.

ORDONNANCE
DU ROY,

Portant Amnistie generale en faveur des Cavaliers, Dragons & Soldats qui ont deserté des Troupes de Sa Majesté jusqu'au premier du present mois ; Qui regle entre autres choses ce qui sera observé doresnavant pour les Enrollemens, la forme des Congez absolus ou pour un temps limité ; Et qui impose la peine de mort aux Deserteurs.

Du 2. Juillet 1716.

DE PAR LE ROY.

S A MAJESTE s'estant fait representer toutes les Ordonnances renduës contre les deserteurs, tant par le feu Roy son Bisayeul, de glorieuse memoire, que par les Rois ses predecesseurs, Elle a reconnu que la peine de mort de tout temps affectée au crime de desertion, n'avoit esté changée par l'Ordonnance du 24. Decembre 1684.

A ij

en celle des galeres perpetuelles, que parce que le grand nombre de troupes, que les conjonctures des temps obligeoient d'entretenir sur pied, assujettissoit à des recruës si considerables, qu'il estoit difficile de faire observer avec regularité les précautions necessaires, pour que tous les enrollemens fussent également exempts de surprise & de violence. Mais comme ce motif ne subsiste plus depuis les differentes reformes qui ont esté faites à l'occasion de la paix ; & que d'ailleurs la licence des desertions est portée à un tel point, que la discipline militaire se trouve considerablement alterée par les menagements dont la plufpart des Capitaines ont coustume d'user à l'égard des Soldats, Cavaliers & Dragons de leurs compagnies, dans la crainte de les porter à la desertion : Sa Majesté a jugé du bien de son service, en accordant pour le passé une Amnistie generale pour tous ceux qui seront tombez dans le crime de desertion, d'ordonner de nouveau la peine de mort contre tous ceux qui se trouveront à l'avenir coupables du même crime ; & d'establir en même temps les précautions necessaires, tant pour assurer la liberté & les conditions des enrollemens, que pour oster aux deserteurs toute esperance d'impunité : ce qui ayant esté mûrement examiné dans le Conseil de Sa Majesté, Elle a, de l'avis de Monsieur le Duc d'Orleans Regent, ordonné & ordonne ce qui suit.

ARTICLE PREMIER.

SA Majesté a quitté, remis & pardonné, quitte, remet & pardonne le crime de desertion commis par les Cavaliers, Dragons & Soldats de ses troupes, tant françoises qu'estrangeres, avant le premier jour du present mois, soit que lesdits Cavaliers, Dragons & Soldats ayent passé d'une compagnie dans une autre, qu'ils se soient retirez dans les provinces du Royaume, ou qu'ils en soient sortis pour servir dans le pays estranger ; deffendant Sa Majesté à tous Officiers & autres ses Sujets, de les inquieter pour raison dudit crime de desertion, ni de les obliger, sous quelque pretexte que ce puisse estre, à rentrer dans les

compagnies

5

compagnies d'où ils auront deserté : fans que la prefente amniftie puiffe s'eftendre à ceux qui fe trouveront avoir deferté depuis ledit jour, ou qui deferteront cy-après ; & à condition que ceux defdits deferteurs qui font en pays eftrangers, reviendront dans l'efpace d'un an, à compter de la date de la prefente Ordonnance, dans les terres de la domination de Sa Majefté, & fe reprefenteront devant les Gouverneurs ou Commandans des places frontieres, dont ils prendront un certificat, à peine d'eftre déchûs de la prefente amniftie, declarant Sa Majefté qu'elle fera la derniere qu'Elle accordera aux deferteurs de fes troupes ; l'intention de Sa Majefté eftant que les Soldats, Cavaliers ou Dragons qui font abfens des regimens, fur des permif-fions datées depuis le premier Octobre de l'année derniere, ne puiffent fe difpenfer de rejoindre leur regiment, fous pretexte de la prefente amniftie.

I I.

DEFFEND très-expreffément Sa Majefté à tous Ca-pitaines & autres Officiers, de faire aucun enrollement de Cavaliers, Dragons & Soldats, qui ne foit volontaire ; Veut & entend que s'il arrive à l'avenir qu'un Capitaine ou autre Officier, ait fait prendre ou enlever dans leurs maifons & fur des chemins à la campagne ou ailleurs, des gens pour les faire entrer, contre leur gré, dans fa compagnie, il foit, par les ordres des Gouverneurs ou Commandans dans les provinces ou dans les places, mis en prifon, jufqu'à ce que Sa Majefté, informée des cir-conftances de la violence, puiffe luy impofer le chaftiment qu'il aura merité.

I I I.

TOUT Cavalier, Dragon ou Soldat des troupes de Sa Majefté, françoifes & eftrangeres, qui fe trouvera avoir quitté depuis ledit jour premier du prefent mois, ou qui quittera à l'avenir la compagnie dans laquelle il fera en-gagé, pour entrer dans une autre compagnie, ou pour fe retirer dans les provinces du Royaume, fans un congé expedié dans les formes cy-après prefcrites, fera mis au Confeil de guerre, & condamné à eftre paffé par les armes, jufqu'à ce que mort s'enfuive, après toutesfois que le Confeil de guerre aura jugé de la validité de l'engagement; dérogeant pour cet effet Sa Majefté à ladite Ordonnance du 24. Decembre 1684. & à toutes autres renduës en confequence fur le fait de la defertion.

I V.

DEFFEND Sa Majefté à tout Cavalier, Dragon ou Soldat, de s'éloigner de plus de deux lieuës du quartier de fa compagnie, lorfqu'elle fera dans le Royaume, & d'une demi lieuë lorfqu'elle fera en garnifon dans une place frontiere, fans un congé expedié en la forme cy-après prefcrite; à peine audit Soldat, Cavalier ou Dragon qui fera trouvé & arrefté au-delà de ces diftances, fans ledit congé, d'eftre puni comme deferteur, fuivant la rigueur de l'article precedent, quand bien même fon capitaine ou autre officier affirmeroit luy avoir donné congé verbalement.

V.

LORSQUE deux Soldats deferteurs feront arreftez enfemble, ou que deux fe trouveront amenez dans une place ou quartier en même jour, ils fubiront tous deux fans remiffion la peine de mort; mais s'il en eftoit arrefté un plus grand nombre à la fois, Sa Majefté, pour épargner le fang, trouve bon qu'après qu'ils auront efté condamnez à mort par le Confeil de guerre, on les faffe tirer au billet trois à trois, pour eftre celuy des trois fur qui le malheureux fort tombera, paffé par les armes, & les deux autres condamnez aux galeres perpetuelles; à l'effet de quoy Sa Majefté veut que par le Prevoft, s'il s'en trouve fur les lieux, ou par les foins du Commandant de la garnifon ou du quartier, ils foient conduits dans les prifons royales de la garnifon, s'il y en a, ou dans celles du lieu le plus

prochain,

prochain, & qu'ils foient remis entre les mains des géoliers defdites prifons, avec une expedition en forme de la fentence de condamnation, & un certificat figné de tous les Officiers qui auront affifté au Confeil de guerre, portant qu'en execution de la prefente, lefdits Soldats ayant tiré au fort, les billets favorables leur font échûs ; en vertu de laquelle fentence & dudit certificat, ils feront attachez à la premiere chaifne qui paffera, & conduits fur les galeres de Sa Majefté.

V I.

POUR dédommager lefdits Prevofts des frais de ladite conduite, il leur fera payé, fur les ordres de l'Intendant du département, par le commis du treforier general de l'Extraordinaire des guerres qui fera fur les lieux, la fomme de dix livres pour chacun Soldat condamné aux galeres & conduit efdites prifons, en remettant par lefdits Prevofts au commis dudit treforier general, leur quittance de ladite fomme, avec lefdites fentence & certificat, & le reçû du géolier auquel lefdits prifonniers auront efté remis.

V I I.

N'ENTEND néantmoins Sa Majefté, que ceux qui feront convaincus d'avoir deferté eftant en faction ou de garde, puiffent eftre admis à tirer au fort ; Veut Sa Majefté qu'ils foient paffez par les armes, en quelque nombre qu'ils foient arreftez.

V I I I.

VEUT pareillement Sa Majefté, que tous Cavaliers, Dragons & Soldats qui feront arreftez defertant en pays eftrangers, foient pendus & eftranglez, en quelque nombre qu'ils foient, fans pouvoir eftre admis à tirer au fort ; declarant Sa Majefté que tous ceux qui feront arreftez fur la frontiere, à une demi-lieuë de la place où leur compagnie fera en garnifon, marchant du cofté du pays eftranger, feront reputez deferter audit pays.

I X.

DEFFEND Sa Majesté à tous Officiers de ses troupes, de quelque caractere qu'ils soient, sous peine d'estre cassez, de donner à l'avenir des congez, soit absolus ou pour un temps, quand même ce ne seroit que pour un jour, à aucun Cavalier, Dragon ou Soldat de ses troupes, sur du papier ordinaire, ou sous leurs simples signatures, & ausdits Cavaliers, Dragons & Soldats de s'en servir, à peine d'estre punis comme deserteurs. Veut Sa Majesté que tous congez, sans exception, soient écrits dans le blanc des cartouches imprimez qu'Elle a fait adresser aux Majors & Aydes-majors de ses regimens d'Infanterie, de Cavalerie & de Dragons, & scellez du timbre ou cachet qu'Elle a fait faire pour chacun desdits regimens, lequel restera toûjours avec les exemplaires des cartouches imprimez, ès mains desdits Majors & Aydes-majors, & en leur absence, aux Officiers chargez du détail.

X.

LESDITS congez seront signez par les Capitaines des compagnies où seront engagez les Soldats pour lesquels ils seront expediez, par le Colonel, Mestre-de-Camp ou Commandant du regiment, par le Major, Ayde-major ou Officier chargé du détail ; Et lorsque lesdits regimens ou compagnies seront en garnison dans une place de guerre, ils seront visez par le Gouverneur ou Commandant,

X I.

ORDONNE Sa Majesté ausdits Majors, Aydes-majors & Officiers chargez du détail, à peine d'estre privez, pour chaque obmission, d'un mois d'appointemens, d'enregistrer exactement sur un regiftre particulier, tous les congez qui feront expediez dans leurs regimens, observant d'y marquer le jour de la date du congé, & le temps pour lequel il aura esté expedié.

X I I.

Du 2. Juillet 1716.

9

X I I.

ORDONNE pareillement Sa Majesté ausdits Majors, Aydes-majors & Officiers chargez du détail, de specifier dans le corps desdits congez, le pays, l'âge, la taille, la couleur des cheveux ou de la perruque, & les autres signes qui pourront faire reconnoître les Soldats pour lesquels ils seront expediez, de maniere qu'ils ne puissent servir pour d'autres que pour eux.

X I I I.

DEFFEND très-expressément Sa Majesté à tous Capitaines & autres Officiers de ses troupes, de débaucher, prendre, ni admettre, sous quelque prétexte que ce puisse estre, dans leurs compagnies, aucun Cavalier, Dragon ou Soldat de ceux qui estoient actuellement dans le service audit jour premier du present mois, sans qu'il leur soit apparu de leur congé, dûëment expedié en la forme cy-dessus prescrite; à peine d'estre cassez & privez de leurs charges, de tenir prison pendant deux ans, de trois cens livres, au profit du Capitaine auquel le Cavalier, Dragon ou Soldat appartiendra, & de le faire conduire à leurs dépens à sa compagnie.

X I V.

VEUT Sa Majesté que quand même ils auroient enrollé de bonne foy quelque deserteur, ils soient tenus, sous les mêmes peines, de le faire arrester aussi-tost qu'ils l'auront reconnu pour tel, & d'en donner avis au Conseil de la guerre.

X V.

TOUT Capitaine qui entrera en accommodement pour laisser un Soldat deserteur de sa compagnie dans une autre, ou pour retenir dans la sienne un deserteur d'une autre compagnie, sera pareillement cassé, & le Soldat, Cavalier ou Dragon, nonobstant l'accommodement, sera puni comme deserteur.

A v

X V I.

S'il arrive qu'un Cavalier, Dragon ou Soldat resté malade à l'Hôpital, lorsque sa compagnie partira de la garnison, se trouve par la suite passer en revûë dans une autre compagnie, & qu'il produise, lorsqu'il sera reconnu, un billet du Capitaine en la compagnie duquel il se trouvera, portant qu'il n'y reste qu'en attendant qu'il puisse rejoindre celle où il est enrollé, le Conseil de guerre n'y aura aucun égard; ledit Cavalier, Dragon ou Soldat sera jugé & puni comme deserteur, & le Capitaine qui aura signé ledit billet, sera cassé sans remission : à moins que ledit billet n'ait esté presenté avant la premiere revûë au Commissaire des guerres, & qu'il n'ait esté par luy certifié; lequel Commissaire aura soin, en ce cas, d'en adresser copie, dans les vingt-quatre heures, au Conseil dé la guerre, afin qu'il puisse envoyer les ordres necessaires audit Cavalier, Dragon ou Soldat, pour rejoindre son ancienne compagnie.

X V I I.

Tout Cavalier, Dragon ou Soldat qui se sera absenté de la garnison ou du quartier, sans congé expedié en la forme cy-dessus prescrite, ou qui ne s'y sera pas rendu quinze jours après l'expiration dudit congé, sera reputé deserteur, & le Capitaine sera obligé de le dénoncer au Conseil de la guerre, à peine d'estre cassé.

X V I I I.

Tout Soldat arresté comme deserteur par son Officier, sera par luy remis, dans vingt-quatre heures, au Conseil de guerre, à peine à l'Officier qui l'aura arresté ou fait arrester, & qui n'aura pas requis le Gouverneur ou Commandant, si c'est dans une place, ou le Colonel, Mestre-de-Camp ou Officier commandant dans le quartier, si c'est à la campagne, d'assembler ledit Conseil de guerre, d'estre cassé de sa charge.

I I

X I X

L E Major de la place où la compagnie fera en garnifon,
ou le Major ou Officier chargé du détail du regiment lorfqu'il fera en campagne ou dans les provinces, fera tenu de
requerir le Commandant de faire affembler le Confeil de
guerre, pour juger les Soldats deferteurs qui auront efté
conduits à la garnifon, ou au quartier du regiment dont ils
feront, fi dans les vingt-quatre heures l'Officier commandant la compagnie dont fera le Soldat deferteur, ne le fait
pas juger, à peine aufdits Majors d'eftre caffez.

X X.

T O U T E S les fois qu'un deferteur aura efté amené, foit
dans une place, foit dans un quartier où les regiment &
compagnie dont il eft, feront logez, lefdits Majors ou
Officiers chargez du détail, feront obligez d'en donner avis
au Confeil de la guerre, ainfi que des diligences qu'eux &
le Capitaine de la compagnie dont fera le deferteur, auront
faites pour fa punition ; de ce que le Confeil de guerre, à
fa requifition, ou à celle du Commandant, aura ordonné
contre le Soldat, & de l'execution qui aura efté faite du
jugement, à peine aufdits Majors & Officiers, de caffation
& privation de leurs charges.

X X I.

D E F F E N D très-expreffément Sa Majefté à tous Gouverneurs ou Commandans dans les provinces ou places où
les troupes feront logées, de quelque caractere qu'ils foient,
de furfeoir l'execution d'un jugement rendu, pour quelque
caufe & fous quelque prétexte que ce foit.

X X I I.

T O U T Cavalier, Dragon, Soldat ou autre, de quelque
condition qu'il foit, qui fe trouvera atteint & convaincu
d'avoir débauché des Soldats, Cavaliers ou Dragons pour
leur faire abandonner le fervice, ou les aura induit à

A vj

paſſer d'une compagnie dans une autre, ſera puni de mort ſans remiſſion.

XXIII.

POUR faciliter à l'avenir la recherche des deſerteurs, & avoir une connoiſſance plus particuliere des Cavaliers, Dragons & Soldats dont les compagnies ſeront compo-ſées, il ſera envoyé inceſſamment par le Conſeil de la guerre au Major ou Ayde-major de chaque regiment d'In-fanterie, de Cavalerie & Dragons, un regiſtre viſé par ledit Conſeil, ſur lequel ils écriront, compagnie par compagnie, dans les colomnes marquées ſur ledit regiſtre, les noms propres de famille & de guerre des Sergens, Caporaux, Anſpeſſades & Soldats deſdites compagnies, le lieu de leur naiſſance, l'election, bailliage, ſeneſchauſſée ou chaſtelle-nie, dans le reſſort deſquels ledit lieu ſera ſitué, leur âge, leur taille, les marques qui peuvent ſervir à les faire re-connoître, & les dates de leur enrollement; obſervant de les placer ſur ledit regiſtre, ſuivant leur rang d'ancienneté dans leſdites compagnies; ce qui ſera auſſi obſervé pour la Cavalerie & les Dragons, & les troupes eſtrangeres à la ſolde de Sa Majeſté.

XXIV.

VEUT pour cet effet Sa Majeſté, que dans le courant du mois d'Aouſt prochain, le Colonel ou Commandant de chaque regiment faſſe ſucceſſivement aſſembler chez luy ou chez le Major, Ayde-major ou Officier chargé du détail, toutes les compagnies dont ledit regiment ſera compoſé, & que ledit Major, Ayde-major ou Officier chargé du détail, prenne & reçoive les declarations deſ-dits Soldats, conformément à l'article precedent, enſorte que ledit regiſtre puiſſe eſtre rempli au dernier jour dudit mois.

XXV.

LESDITS Majors & Aydes-majors obſerveront de laiſſer ſix feüillets

13

féüillets en blanc à la fuite de l'enregiftrement de chaque compagnie, pour y infcrire les Soldats qui s'y enrolleront dans la fuite.

XXVI.

DEFFEND Sa Majefté, tant aux Cavaliers, Dragons & Soldats qui font actuellement dans lefdites compagnies, qu'à ceux qui s'y engageront cy-après, de déguifer leur nom & le lieu de leur naiffance, à peine des galeres perpetuelles.

XXVII.

DEFFEND Sa Majefté à tous Commiffaires des guerres, à peine d'eftre caffez & privez de leurs charges, de comprendre & paffer dans leurs revûës aucun Soldat de recruë, qu'après en avoir vérifié l'enregiftrement ; auquel effet les Majors, ou Officiers chargez du détail, feront tenus de reprefenter leurs regiftres aufdits Commiffaires, toutes les fois qu'ils en feront requis.

XXVIII.

ORDONNE Sa Majefté aufdits Majors, Aydes-majors ou Officiers chargez du détail, de marquer regulierement fur leur regiftre, à cofté de chaque article, les Soldats qui feront morts, ou qui auront deferté, & les jours defdites morts & defertions.

XXIX.

ILS envoyeront au Confeil de la guerre, dans le quinzieme du mois de Septembre, au plus tard, copie de toutes les declarations qu'ils auront inferées dans ledit regiftre ; & continuëront de mois en mois d'y adreffer pareillement copie de celles des Soldats de recruë, dans le même ordre qu'elles feront infcrites fur leur regiftre.

XXX.

ILS envoyeront pareillement tous les mois audit Confeil

de la guerre, un eſtat de tous les Cavaliers, Dragons &
Soldats qui auront deſerté, ou qui ſeront morts pendant
le mois; & obſerveront de marquer ſur ledit eſtat, le ſigna-
lement deſdits morts ou deſerteurs, conformément & dans
les mêmes termes qu'ils auront eſté enregiſtrez.

X X X I.

DEFFEND très-expreſſément Sa Majeſté auſdits Majors,
d'employer ſur ledit regiſtre aucun nom de Soldat ſuppoſé,
à peine d'eſtre caſſze, & d'un an de priſon.

X X X I I.

LE Conſeil de la guerre fera dreſſer des rolles ſigna-
lez des deſerteurs, dont les eſtats luy auront eſté en-
voyez, & adreſſera ces rolles aux Intendans des provinces, aux Commandans des places, aux Commiſſaires des
troupes, aux Majors des regimens, & à tous les Prevoſts
des Mareſchaux, leſquels ſeront tenus de faire des viſites
de mois en mois, dans les lieux de la naiſſance deſdits
deſerteurs.

X X X I I I.

MANDE & ordonne Sa Majeſté, tant auſdits Prevoſts
qu'aux Vice-baillifs, Vice-feneſchaux, & autres Officiers
de robe-courte, même aux Gardes eſtablis pour la con-
ſervation de la ferme des gabelles, & pour la garde des
ponts, ports, peages & paſſages, & à tous autres ſes
Officiers & Sujets, de ſaiſir & arreſter leſdits Soldats deſerteurs, de les conduire dans la priſon royale du lieu, ou
la plus prochaine, & d'en donner ſur le champ avis audit
Conſeil de la guerre, pour eſtre par luy pourvû à la conduite deſdits deſerteurs.

X X X I V.

POUR dédommager leſdits Prevoſts & autres, des frais
qu'ils pourront faire dans la recherche deſdits deſerteurts,
veut Sa Majeſté qu'il leur ſoit payé par ordre de l'Intendant
du

15

du département dans lequel lesdits deserteurs auront esté
conduits & jugez, la somme de trente livres pour chacun
de ceux qui auront esté convaincus dudit crime de desertion
dans le Royaume, & cent livres pour la capture de chacun
de ceux desertant en pays estrangers ; & que lesdites sommes leur soient remises par le Treforier general de l'Extraordinaire des guerres, ou son commis sur les lieux, en luy
fourniffant leur quittance, l'ordre dudit Sieur Intendant, &
une expedition du jugement du Conseil de guerre.

X X X V.

VEUT Sa Majesté que pareilles sommes soient payées
en la même maniere, à tous Officiers de ses troupes,
même aux Sergens, Soldats, Cavaliers & Dragons qui
arresteront des deserteurs, soit dans leurs compagnies ou
autres.

X X X V I.

LORSQU'UN Cavalier, Dragon ou Soldat dénoncera,
lors de la revûë du Commiffaire des guerres, un deserteur dans la compagnie où il servira, ou en d'autres compagnies du même regiment, le deserteur dénoncé sera
mis en prison, à la requisition dudit Commiffaire, pour
estre conduit au regiment d'où il aura deserté, & mis au
Conseil de guerre, & en attendant, le dénonciateur sera
mis en sûreté ; Sa Majesté chargeant le Commandant du
corps d'y pourvoir, & declare que ledit Commandant sera
responsable des mauvais traitemens qui pourroient estre
faits au dénonciateur : Et si le Soldat, Cavalier ou Dragon
dénoncé, se trouve convaincu par le jugement qui inter-
viendra, du crime de desertion, ledit Commiffaire fera payer
au dénonciateur la somme de cent livres par le treforier
des troupes estant sur les lieux, dont la retenuë sera faite
sur les appointemens du Capitaine de la compagnie en
laquelle ledit deserteur aura esté arresté, & il luy sera en
mesme temps expedié, par les soins dudit Commiffaire,
un congé absolu en la forme cy-deffus prescrite, pour se

retirer où bon luy femblera : Voulant en outre Sa Majefté que ledit Capitaine foit mis en prifon, jufqu'à ce que le Confeil de la guerre, informé des circonftances de l'enrollement, puiffe décider s'il merite une plus grande punition.

XXXVII.

S'IL arrive qu'un Prevoft ayant reconnu un deferteur, ne l'ait pas arrefté, ou que l'ayant arrefté, il l'ait relafché, fon procès luy fera fait & parfait, fuivant la rigueur des Ordonnances, & cependant il fera commis à fa charge jufqu'à l'entier jugement du procès; pour eftre ladite charge confifquée au profit de Sa Majefté, au cas que ledit Prevoft fe trouve convaincu de ce que deffus, & le tiers du prix donné au dénonciateur.

XXXVIII.

LORSQUE lefdits Prevofts ne rencontreront point les deferteurs dénoncez, dans les lieux de leur naiffance ou de leur demeure ordinaire , ils en drefferont leurs procez-verbaux, & les envoyeront au Confeil de la guerre, à peine contre ceux qui y manqueront, d'eftre privez de leurs gages & folde; lefquels ne pourront, pour cet effet, leur eftre delivrez par les receveurs generaux & particuliers du Taillon, ni la dépenfe paffée dans leurs comptes, qu'en rapportant un certificat dudit Confeil de la guerre, portant que lefdits Prevofts fe feront bien & diligemment acquittez de ce qui leur eft cy-deffus ordonné.

XXXIX.

DEFFEND Sa Majefté aux habitans des villes, bourgs & villages , de favorifer en aucune maniere le paffage des deferteurs , à peine de foixante livres d'amende pour chacun de ceux à l'occafion defquels on juftifiera qu'ils auront donné les mains, appliquable à l'Hôpital du lieu ou du plus voifin; au payement de laquelle amende les Maire & Efchevins, ou habitans ayant foin des affaires de la communauté, feront contraints folidairement & par corps,

fauf

17

Sauf leur recours contre ceux qui s'en trouveront coupables.

X L.

ET comme rien ne contribuë davantage à la defertion,
que la facilité que les Cavaliers, Dragons & Soldats ont
trouvée par le paffé, à fe déguifer, en vendant ou troc-
quant leurs chevaux, habillements, armes & équipages;
Sa Majefté a deffendu & deffend très-expreffément à tous
fes Sujets, de quelque qualité & condition qu'ils foient,
de les acheter, trocquer ou garder; à peine aux contreve-
nans, de confifcation, & de deux cens livres d'amende, payable fans remife ni deport, appliquable moitié au Capitaine
de la compagnie à qui ils appartiendront, & moitié à l'Hôpital du lieu, ou au plus prochain; & à l'égard des Cavaliers,
Dragons ou Soldats qui feront convaincus de les avoir ven-
dus, veut Sa Majefté qu'ils foient condamnez aux galeres à
perpetuité.

X L I.

ENJOINT Sa Majefté à tous fes Sujets, de quelque
qualité & condition qu'ils foient, de donner ayde, affif-
tance & main-forte à ceux qui conduiront des deferteurs,
à peine aux particuliers qui auront refufé de le faire, de
punition exemplaire; à ceux qui les auront retirez des mains
des conducteurs, de la vie; & aux habitans des villes, dans
l'eftenduë & banlieuë defquelles ladite violence aura efté
commife, de deux cens livres d'amende, payable folidairement par le corps de la communauté, appliquable moitié
aux Hôpitaux defdites villes & lieux, ou des plus prochains,
& l'autre moitié aux conducteurs des mains defquels lefdits
deferteurs auront efté retirez.

X L I I.

NUL Capitaine ou Officier ne pourra recevoir à l'a-
venir aucun Soldat, Cavalier & Dragon conditionnelle-
ment en fa compagnie, s'il ne l'engage à y fervir au moins
fix années, à peine à ceux qui leur auront promis en les

enrollant, de leur donner congé avant six années, d'estre cassez. Veut Sa Majesté que tout Cavalier, Dragon & Soldat soit tenu de servir pendant ledit temps de six années ; enjoignant aux Commissaires des guerres, de s'informer, chacun dans leur département, des soldats de recruë, de quelle maniere ils auront esté enrollez, & que s'il s'en trouve dont l'engagement soit moindre que pour six ans, ils ayent à interdire l'Officier qui les aura presentez & conduits à la garnison, dont ils informeront sur le champ le Conseil de la guerre.

X L I I I.

LES Cavaliers, Dragons & Soldats qui, en s'enrollant, auront pris un certificat de leur Capitaine, portant qu'ils ne se feront enrollez que pour six ans, ne pourront, sous ce prétexte, quitter leur compagnie à l'expiration de ce terme, sans avoir obtenu sur ledit certificat, un congé en la forme prescrite, à peine d'estre traitez comme deserteurs, & en cas de refus, ils en porteront leur plainte à l'Inspecteur, lors de la revûë ; Et à l'égard des Soldats, Cavaliers ou Dragons, estant actuellement dans les troupes au jour de la publication de la presente Ordonnance, & qui ne s'estoient engagez que pour un temps limité, Sa Majesté declare qu'ils seront tenus de servir six ans, à compter de la date de la presente Ordonnance, à l'expiration desquelles six années, il leur sera delivré un congé en la forme prescrite cy-dessus.

X L I V.

DEFFEND Sa Majesté aux Capitaines & autres Officiers, de promettre & donner aux Soldats, Cavaliers & Dragons qu'ils enrolleront à l'avenir, une solde plus forte que celle portée par ses Ordonnances, à peine d'estre cassez.

X L V.

VEUT Sa Majesté que lorsqu'un Cavalier, Dragon ou Soldat, après avoir servi six années dans la même compagnie,

compagnie, obtiendra son congé pour se retirer chez luy, son Capitaine soit tenu de luy laisser son habillement, son ceinturon, son epée & son linge, sans pouvoir rien luy déduire pour raison de ce, ni pour ce qu'il luy avoit donné lors de son engagement, sans entrer dans aucun décompte.

XLVI.

MANDE & ordonne Sa Majesté aux Gouverneurs & ses Lieutenans generaux en ses provinces & armées, Intendans & Commissaires départis en icelles, Gouverneurs où Commandans de ses villes & places, Inspecteurs de ses troupes, Colonels & Mestres-de-Camp d'Infanterie, de Cavalerie & de Dragons, Commissaires ordinaires de ses guerres, Baillifs, Seneschaux, Prevosts, Juges ou leurs Lieutenans, Maires & Eschevins des villes, & à tous autres ses Officiers & Sujets, de tenir la main, chacun à son égard, à l'execution de la presente Ordonnance, & de la faire publier & afficher par tout où besoin sera, à ce qu'aucun n'en ignore. Ordonne Sa Majesté ausdits Commissaires des guerres, d'en faire lecture tous les trois mois à la teste des troupes, avant la revûë qu'ils en feront. FAIT à Paris, le deuxieme jour de Juillet mil sept cens seize. *Signé* LOUIS. *Et plus bas,* PHELYPEAUX.